Impressum
Verlag: BABADADA GmbH, Nedderfeld 112 , 22529 Hamburg
Geschäftsführer / Verlagsleitung: Harald Hof
Druck: Books on Demand GmbH, In de Tarpen 42, 22848 Norderstedt

Imprint
Publisher: BABADADA GmbH, Nedderfeld 112 , 22529 Hamburg, Germany
Managing Director / Publishing direction: Harald Hof
Print: Books on Demand GmbH, In de Tarpen 42, 22848 Norderstedt, Germany

школа

اسکول

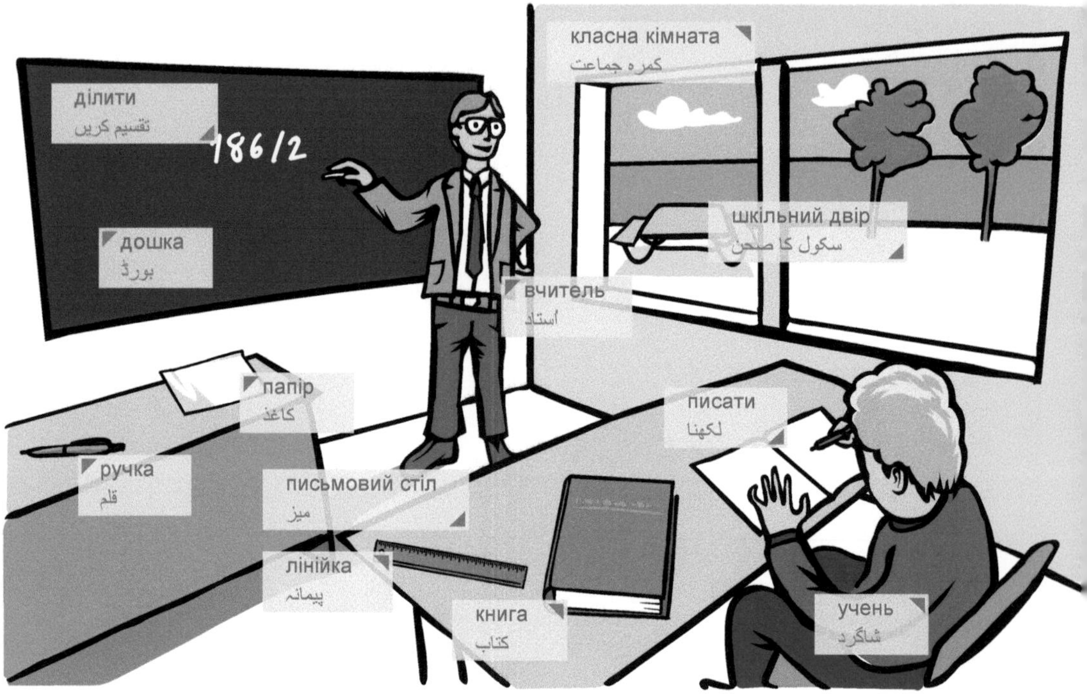

класна кімната
کمرہ جماعت
ділити
تقسیم کریں
186/2
шкільний двір
سکول کا صحن
дошка
بورڈ
вчитель
اُستاد
папір
کاغذ
писати
لکھنا
ручка
قلم
письмовий стіл
میز
лінійка
پیمانہ
книга
کتاب
учень
شاگرد

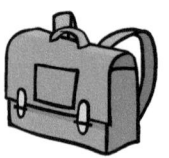

ранець

بستہ

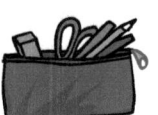

пенал

پینسل کیس

олівець

پینسل

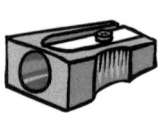

точило

پینسل شارپنر

гумка

ربڑ

альбом для малювання

ڈرائنگ پیڈ

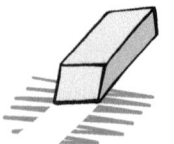

малюнок

ڈرائنگ

пензель

پینٹ برش

коробка фарб

پینٹ باکس

ножиці

قینچی

клей

گوند

зошит

مشق کی کاپی

домашнє завдання

ہوم ورک

число

ہندسہ

додавати

جمع کریں

віднімати

منفی کریں

множити

ضرب دیں

рахувати

شمار کریں

літера

خط

абетка

حروف تہجی

слово

لفظ

текст

متن

читати

پڑھنا

крейда

چاک

година

سبق

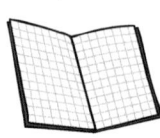

класний журнал

اندراج

екзамен

امتحان

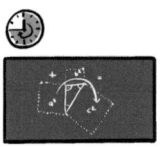

диплом

سند

шкільна форма

سکول یونیفارم

освіта

تعلیم

лексикон

انسائیکلوپیڈیا

університет

یونیورسٹی

мікроскоп

خورد بین

карта

نقشہ

кошик для паперу

ویسٹ پیپرباسکٹ

подорож

سفر

готель
ہوٹل
Grand
турбаза
ہاسٹل
ROOMS
обмінний пункт
رقم تبدیل کرانے کیلئے دفتر
EXCHANGE
валіза
سوٹ کیس
автомобіль
کار

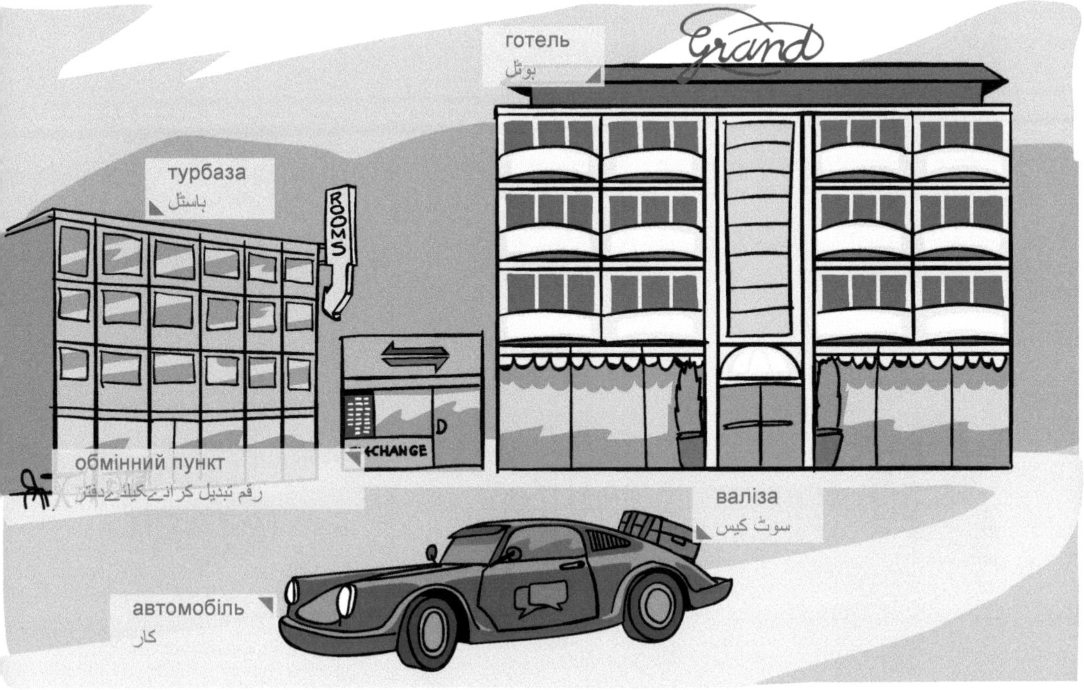

мова

زبان

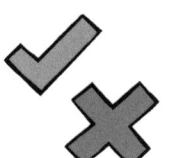

так / ні

ہاں / نہیں

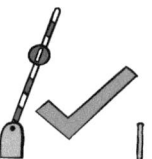

добре

ٹھیک ہے

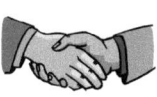

привіт

ہیلو

перекладач

مُترجم

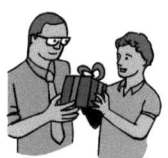

дякую

شُکریہ

Скільки коштує ...?

‫کی کیا قیمت ہے؟ ــــ‬

Я не розумію

‫میں نہیں سمجھتا‬

проблема

‫مشکل‬

Добрий вечір!

‫شام بخیر!‬

Доброго ранку!

‫صبح بخیر!‬

На добраніч!

‫شب بخیر!‬

До побачення

‫الوداع‬

напрямок

‫سمت‬

багаж

‫سفری سامان‬

сумка

‫بیگ‬

рюкзак

‫بیگ پیک‬

гість

‫مہمان‬

кімната

‫کمرہ‬

спальний мішок

‫سلیپنگ بیگ‬

намет

‫ٹینٹ‬

туристична інформація

سیاحوں کے لئے معلومات

пляж

ساحل

кредитна картка

کریڈٹ کارڈ

сніданок

ناشتہ

обід

لنچ

вечеря

ڈنر

квиток

ٹکٹ

ліфт

لفٹ

поштова марка

مہر

межа

سرحد

митниця

کسٹمز

посольство

سفارت خانہ

віза

ویزا

паспорт

پاسپورٹ

транспорт

نقل وحمل

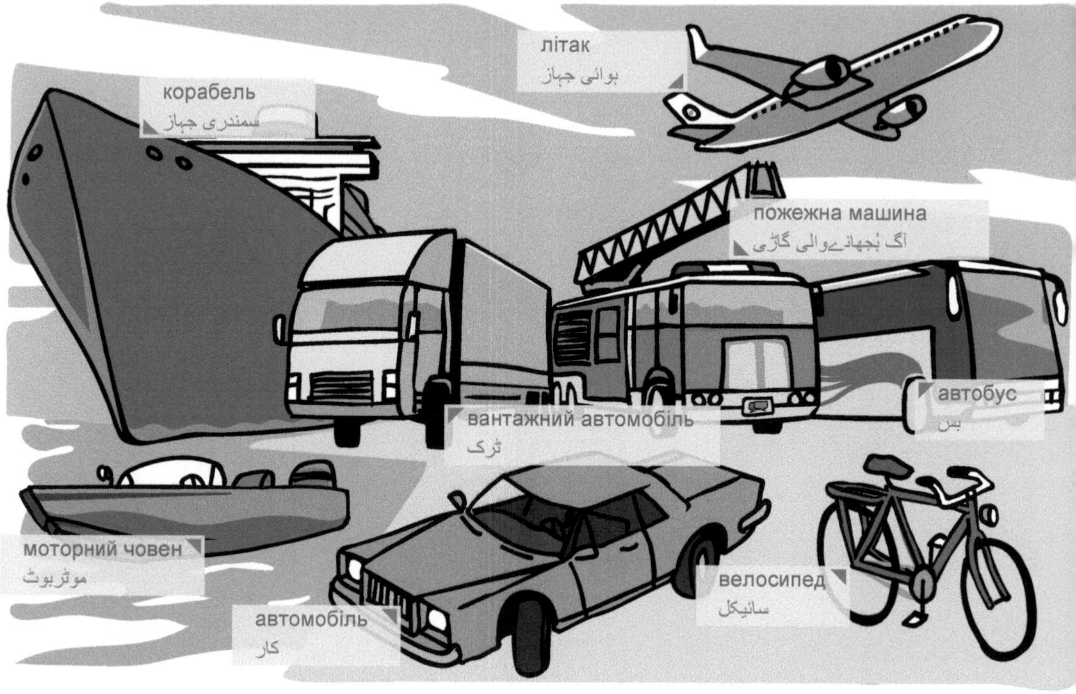

літак
ہوائی جہاز
корабель
سمندری جہاز
пожежна машина
آگ بُجھانےوالی گاڑی
автобус
بس
вантажний автомобіль
ٹرک
моторний човен
موٹربوٹ
велосипед
سائیکل
автомобіль
کار

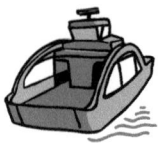

пором

فیری

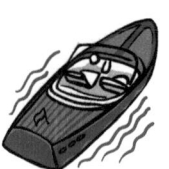

човен

کشتی

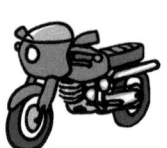

мотоцикл

موٹرسائیکل

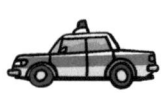

поліцейська машина

پولیس کار

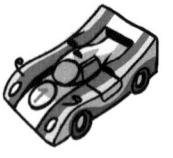

гоночний автомобіль

ریسنگ کار

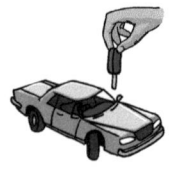

автомобіль на прокат

کرایہ پرکار

спільне користування авто

کارکا اشتراک کرنا

евакуатор

کھینچنے والا ٹرک

сміттєвоз

کوڑے والا ٹرک

двигун

کار

паливо

ایندھن

автозаправна станція

پٹرول اسٹیشن

дорожній знак

ٹریفک کے نشانات

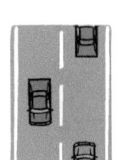

рух

ٹریفک

затор

ٹریفک جام

стоянка

کارپارک

вокзал

ٹرین اسٹیشن

рейки

پٹڑیاں

потяг

ٹرین

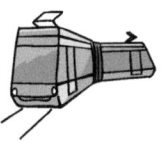

трамвай

ٹرام

вагон

ویگن

гелікоптер

بیلی کاپٹر

аеропорт

ائرپورٹ

вежа

ٹاور

пасажир

مسافر

контейнер

کنٹینر

коробка

ڈبہ

візок

ریڑھا

кошик

ٹوکری

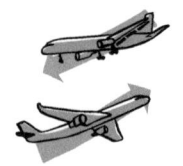

стартувати / приземлятися

اڑان بھرنا / زمین پر اترنا

МІСТО

شہر

село

گاؤں

центр міста

سٹی سنٹر

дім

مکان

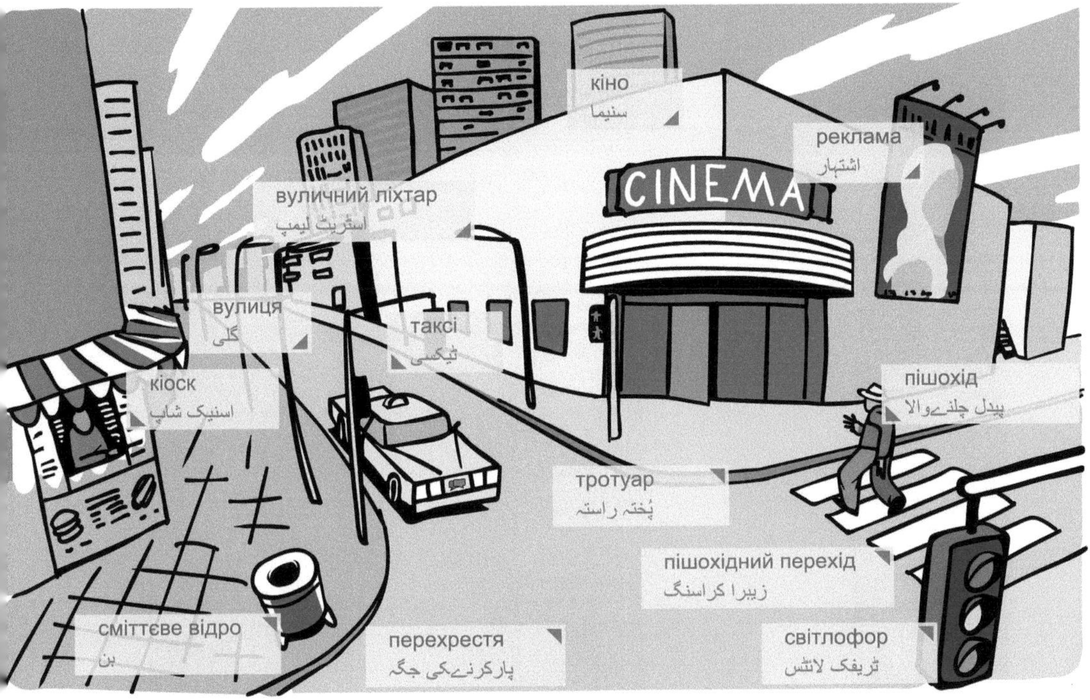

кіно
سنیما
реклама
اشتہار
CINEMA
вуличний ліхтар
اسٹریٹ لیمپ
вулиця
گلی
таксі
ٹیکسی
кіоск
اسنیک شاپ
пішохід
پیدل چلنےوالا
тротуар
پُختہ راستہ
пішохідний перехід
زیبرا کراسنگ
сміттєве відро
بن
перехрестя
پارکرنےکی جگہ
світлофор
ٹریفک لائٹس

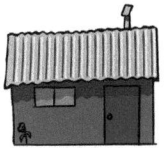

хатина

ہٹ

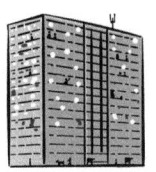

квартира

فلیٹ

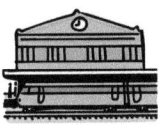

вокзал

ٹرین اسٹیشن

ратуша

ٹاؤن ہال

MUSEUM

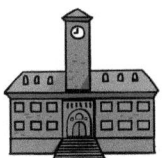

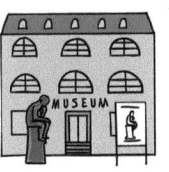

музей

عجائب گھر

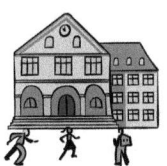

школа

اسکول

університет

يونيورسٹی

банк

بینک

лікарня

ہسپتال

готель

ہوٹل

аптека

فارميسی

офіс

دفتر

книжковий магазин

کتابوں کی دکان

магазин

دکان

квітковий магазин

پھولوں کی دُکان

супермаркет

سُپرمارکیٹ

ринок

مارکیٹ

універмаг

ڈیپارٹمنٹ سٹور

торговець рибою

مچھلی کی دُکان

торговельний центр

شاپنگ سنٹر

гавань

بندرگاہ

парк

پارک

лава

بنچ

міст

پُل

сходи

سیڑھیاں

метро

انڈرگراونڈ

тунель

سُرنگ

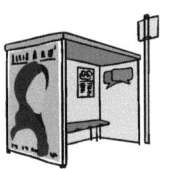

автобусна зупинка

بس اسٹاپ

бар

شراب خانہ

ресторан

ریسٹورنٹ

поштова скринька

پوسٹ باکس

вулична табличка

اسٹریٹ سائن

лічильник паркування

پارکنگ میٹر

зоопарк

چڑیا گھر

басейн

سونمنگ پول

мечеть

مسجد

ферма

کھیت

забруднення навколишнього середовища

آلودگی

кладовище

قبرستان

церква

چرچ

дитячий майданчик

کھیل کا میدان

храм

مندر

ландшафт

منظر

листок

پتہ

вказівний стовп

ربنمائی کے لیے لگا ہوا بورڈ

шлях

راستہ

луг

سبزہ زار

камінь

پتھر

дерево

درخت

мандрівник

پیدل چلنے والا، بانکر

річка

دریا

трава

گھاس

квітка

پھول

долина

وادی

гора

پہاڑی

озеро

جھیل

ліс

جنگل

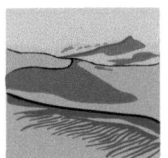

пустеля

صحرا

вулкан

آتش فشاں

замок

قلعہ

веселка

قوس قزح

гриб

گھمبی

пальма

کجھورکا درخت

комар

مچھر

муха

مکھی

мурашка

چیونٹی

бджола

مکھی

павук

مکڑا

жук

بھونرا

жаба

مینڈک

вивірка

گلہری

їжак

خارپُشت

заєць

خرگوش

сова

الو

птах

پرندہ

лебідь

راج ہنس

кабан

سؤر

олень

برن

лось

امریکی بارہ سنگھا

гребля

ڈیم

вітряк

ہوا سےچلنےوالی ٹربائین

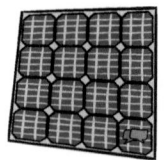

сонячний модуль

سولرپینل

клімат

آب وہوا

ресторан

ریسٹورنٹ

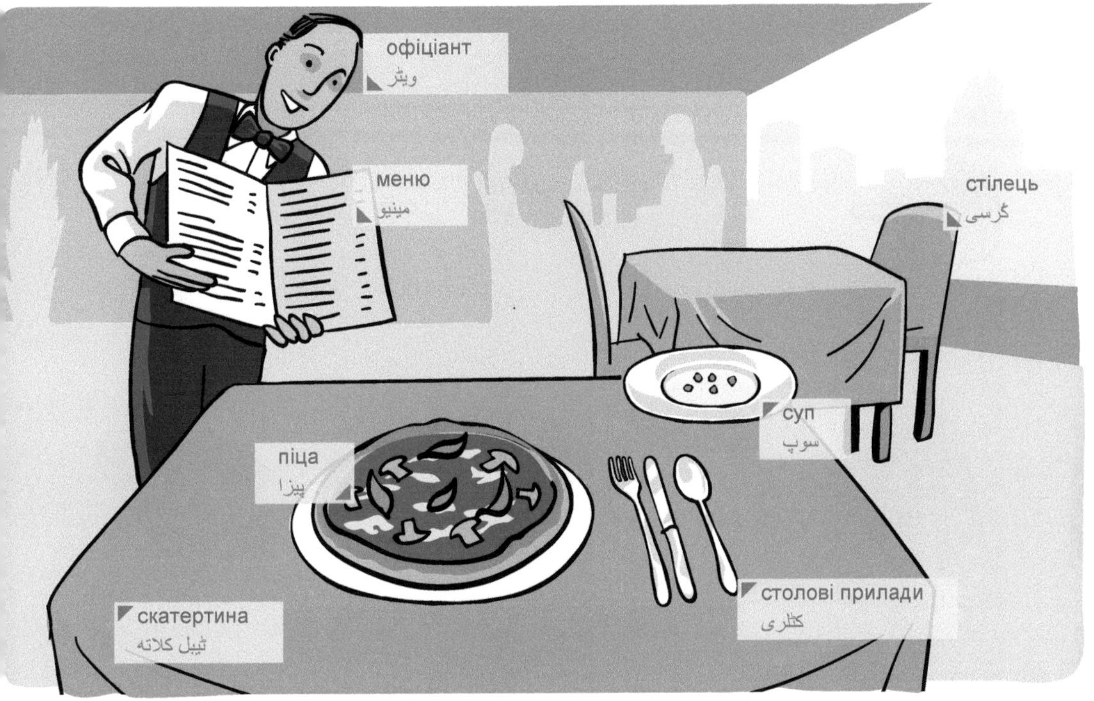
офіціант
ویٹر
меню
مینیو
стілець
کُرسی
суп
سوپ
піца
پیزا
скатертина
ٹیبل کلاتھ
столові прилади
کٹلری

закуска

اسٹارٹر

друга страва

مین کورس

десерт

ڈیزرٹ

напої

مشروبات

їжа

کھانےکی اشیاء

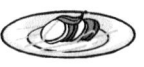

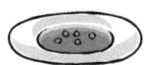

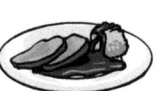

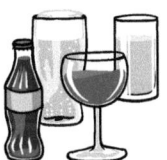

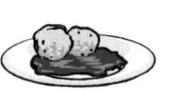

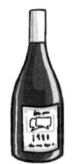

пляшка

بوتل

фаст-фуд

فاسٹ فوڈ

вулична їжа

اسٹریٹ فوڈ

чайник

چائےدانی

цукорниця

شوگر باکس

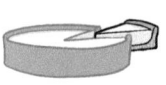

порція

حصہ

еспресо-машина

ایسپریسو مشین

високий стільчик

اونچی کرسی

рахунок

بل

піднос

ٹرے

ніж

چھُری

вилка

کانٹا

ложка

چمچ

чайна ложка

چائے کا چمچ

серветка

سرویئٹی

склянка

شیشہ

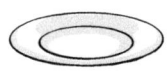

тарілка

پلیٹ

тарілка для супу

سوپ پلیٹ

блюдце

طشتری

соус

چٹنی

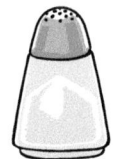

солонка

سالٹ شیکر

млин для перцю

پیپرمل

оцет

سرکہ

масло

خوردنی تیل

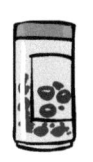

спеції

مصالحے

кетчуп

کیچپ

гірчиця

سرسوں

майонез

مینونیز

супермаркет

سُپرمارکیٹ

пропозиція
خصوصی پیشکش
FOR
клієнт
گاہک
молочні продукти
ڈیری
фрукти
پھل
візок для покупок
ٹرالی

BUTCHERS

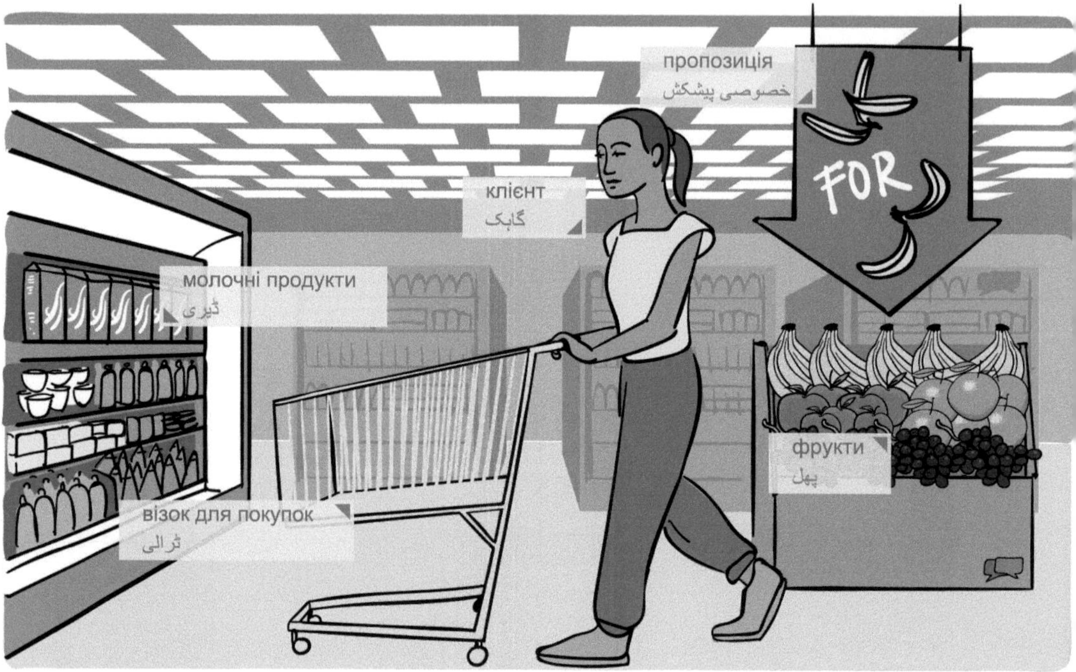

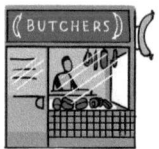

м'ясний магазин

گوشت کی دُکان

BAKERY

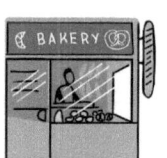

пекарня

بیکری

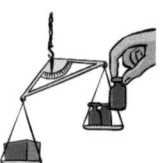

зважувати

وزن کرنا

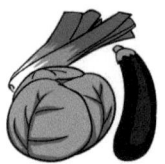

овочі

سبزیاں

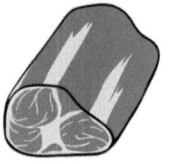

м'ясо

گوشت

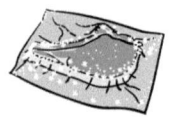

заморожені продукти

جما ہوا کھانا

ковбасна нарізка

كولڈ كٹس

консерви

ڈبے میں بند کھانا

пральний порошок

واشنگ پاؤڈر

солодощі

مٹھائیاں

предмети домашнього побуту

گھریلو مصنوعات

мийний засіб

صاف کرنے کیلئے مصنوعات

продавщиця

سیلز پرسن

каса

کیش رجسٹر

касир

کیشئیر

список покупок

خریداری کی فہرست

часи роботи

اوقات کار

гаманець

بٹوہ

кредитна картка

کریڈٹ کارڈ

сумка

تھیلا

поліетиленовий пакет

پلاسٹک کے تھیلے

вода

پانی

сік

جوس، رس

молоко

دودھ

кола

کوک

вино

وائن

пиво

بیئر

алкоголь

الکوحل

какао

کوکوآ

чай

چائے

кава

کافی

еспресо

ایسپریسو

капучіно

کیپاچینو

банан

کیلا

яблуко

سیب

апельсин

مالٹا

кавун

خربوزه

лимон

لیموں

морква

گاجر

часник

لہسن

бамбук

بانس

цибуля

پیاز

гриб

کھُمبی

горішки

اخروٹ، بادام وغیرہ

локшина

نوڈلز

спагеті

اسپیگیٹی

рис

چاول

салат

سلاد

картопля фрі

چپس

смажена картопля

تلے گئے آلو

піца

پیزا

гамбургер

ہیم برگر

бутерброд

سینڈوچ

шніцель

کٹلیٹ

шинка

سؤرکی ران کا گوشت

салямі

گوشت کی اطالوی ساسیج

ковбаса

ساسیج

курка

مُرغی

печеня

روسٹ

риба

مچھلی

вівсяні пластівці

جئى كا دليہ

мюслі

ميوزلى

кукурудзяні пластівці

كارن فليكس

борошно

آٹا

круасан

كروئيسنٹ

булочка

بريڈ رول

хліб

بريڈ

тостовий хліб

ٹوسٹ

печиво

بسكٹ

масло

مكھن

сир

دہی

пиріг

كيك

яйце

انڈا

яєчня

فرائى كيا گيا انڈہ

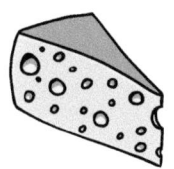

сир

پنير

морозиво

آئس کریم

цукор

چینی

мед

شہد

мармелад

جام

нуга-крем

ناؤگٹ کریم

карі

سالن

ферма

کھیت

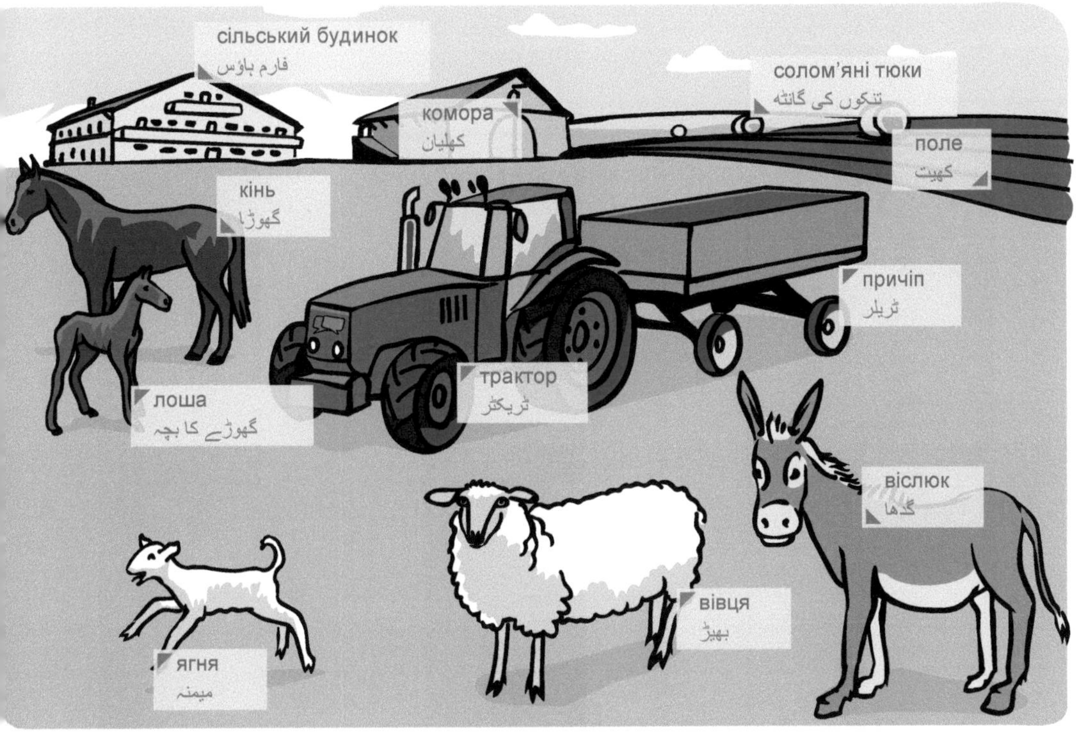
сільський будинок
فارم ہاؤس
солом'яні тюки
تنکوں کی گانٹھ
комора
کھلیان
поле
کھیت
кінь
گھوڑا
причіп
ٹریلر
трактор
ٹریکٹر
лоша
گھوڑے کا بچہ
віслюк
گدھا
вівця
بھیڑ
ягня
میمنہ

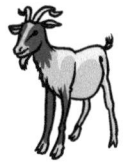

коза

بکری

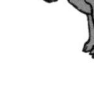

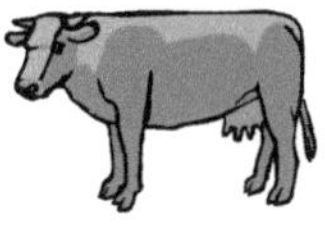

корова

گائے

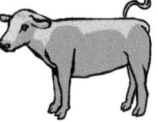

теля

بچھڑا

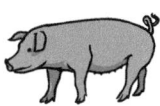

свиня

سؤر

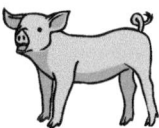

порося

سؤر کا بچہ

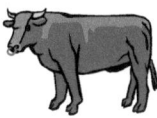

бик

سانڈ

гусак

سنس راج

качка

خطب

курча

جوزه

курка

مُرغی

півень

مُرغا

щур

چوہا

кіт

بلی

миша

چوہا

віл

بیلچم

собака

کُتا

собача будка

کُتے کا گھر

садовий шланг

گارڈن ہاؤس

лійка

پانی کا کین

коса

درانتی

плуг

ہل

серп

درانتى

мотика

بيلچم

вила

ترنگل

сокира

کلہاڑا

тачка

ٹھہ گاڑی

корито

حوض

бідон молока

دودھ کا کین

мішок

تھیلا

паркан

باڑ

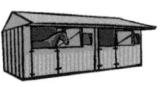

хлів

اصطبل

теплиця

گرین ہاؤس

ґрунт

مٹی

насіння

بیج

добриво

فرٹیلائزر

комбайн

کمبائن ہارویسٹر

пожинати

فصل کاٹنا

урожай

فصل کاٹنا

корінь ямсу

افریقی آلو

пшениця

گندم

соя

سویا

картопля

آلو

кукурудза

مکئی

ріпак

توریا کا تیل

плодове дерево

پھلداردرخت

маніок

کساوا

злаки

دلیہ

дім
مکان

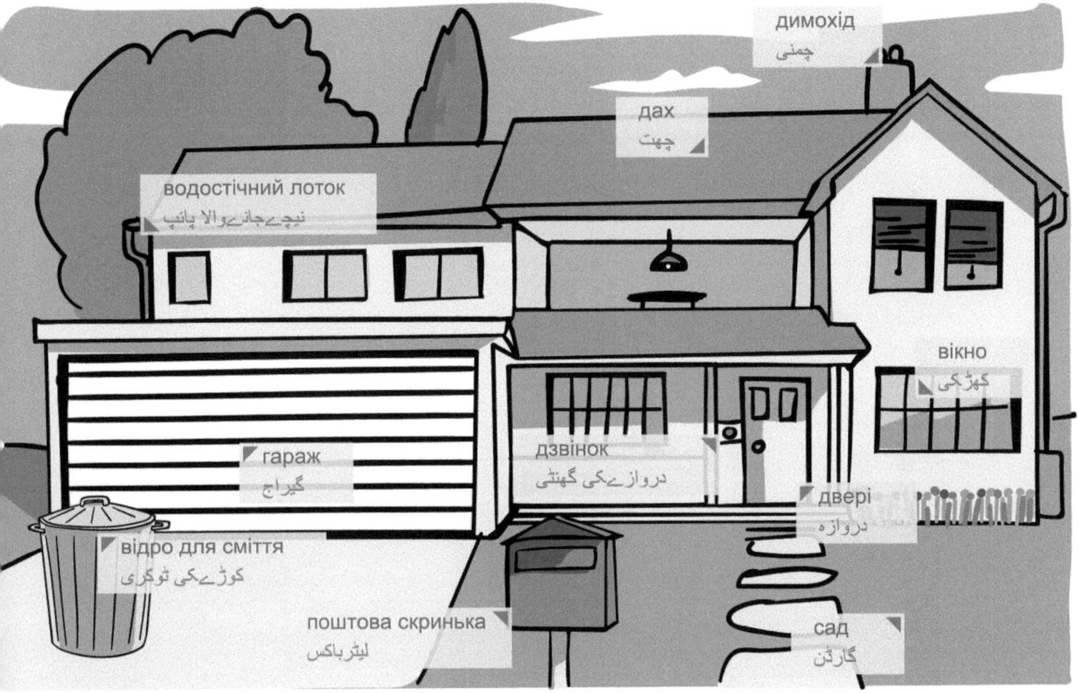

димохід
چمنی
дах
چھت
водостічний лоток
نیچےجانےوالا پائپ
вікно
کھڑکی
гараж
گیراج
дзвінок
دروازےکی گھنٹی
двері
دروازہ
відро для сміття
کوڑےکی ٹوکری
поштова скринька
لیٹرباکس
сад
گارڈن

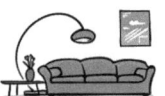

вітальня
لوونگ روم

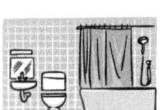

ванна кімната
غُسل خانہ

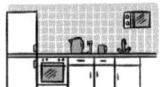

кухня
باورچی خانہ

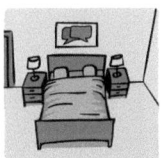

спальня
بیڈروم

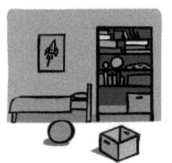

дитяча кімната
بچوں کا کمرہ

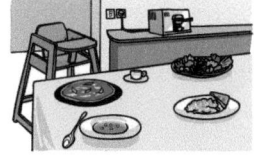

їдальня
کھانےکا کمرہ

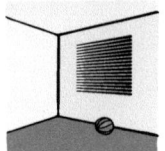

підлога

فرش

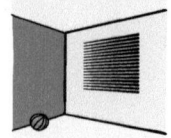

стіна

دیوار

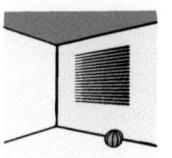

стеля

چھت

підвал

تہ خانہ

сауна

سوانا

балкон

بالکونی

тераса

ٹیریس

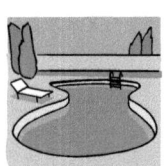

басейн

پول

косарка

گھاس کاٹنے کی مشین

простирало

چادر

ковдра

چادر

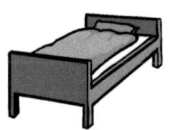

ліжко

بستّر

мітла

جھاڑو

відро

بالٹی

перемикач

سوئچ

вітальня

لوونگ روم

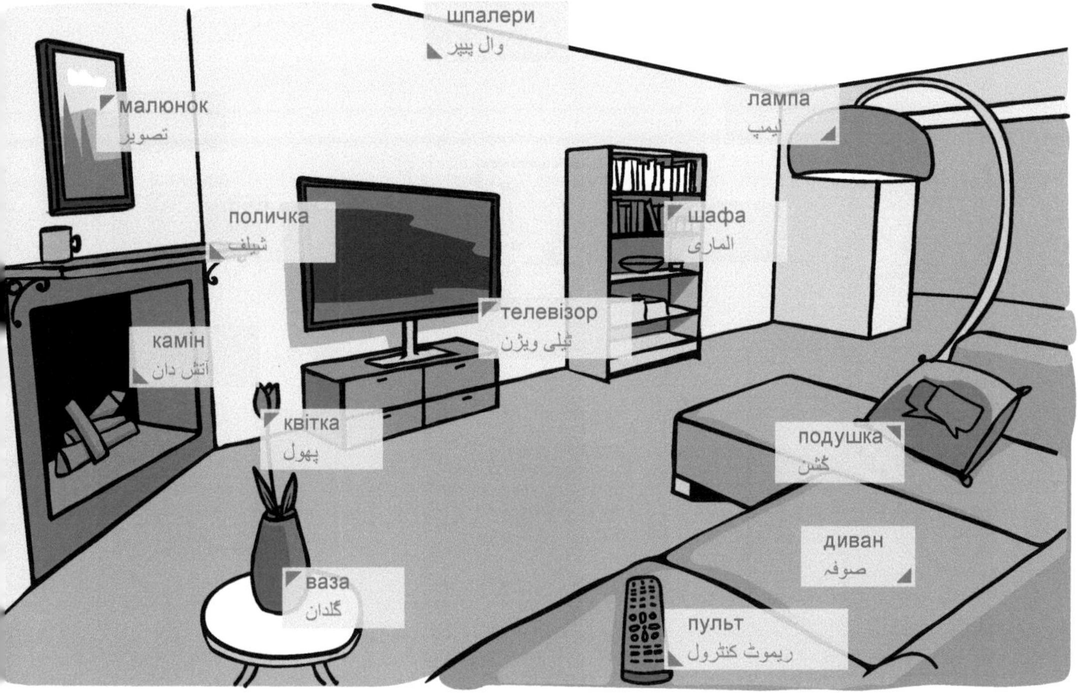
шпалери
وال پیپر
малюнок
تصویر
лампа
لیمپ
поличка
شیلف
шафа
الماری
телевізор
ٹیلی ویژن
камін
آتش دان
квітка
پھول
подушка
کُشن
диван
صوفہ
ваза
گلدان
пульт
ریموٹ کنٹرول

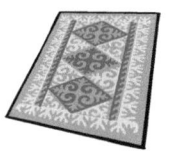

килим

قالین

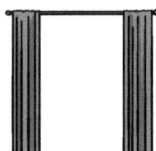

завіса

پردے

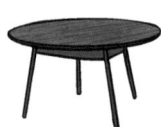

стіл

میز

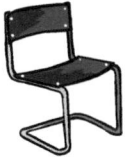

стілець

کُرسی

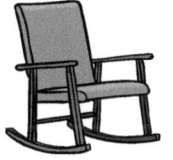

крісло-гойдалка

ہلنےوالی کُرسی

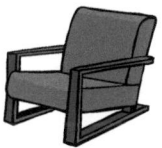

крісло

آرام کُرسی

книга

كتاب

ковдра

كمبل

прикраса

آرائش

дрова

جلانے کی لکڑی

фільм

فلم

стереосистема

ہائی فائی

ключ

چابی

газета

اخبار

картина

پینٹنگ

плакат

پوسٹر

радіо

ریڈیو

блокнот

نوٹ بُک

пилосос

ویکیوم کلینر

кактус

کیکٹس

свічка

موم بتی

باورچی خانہ

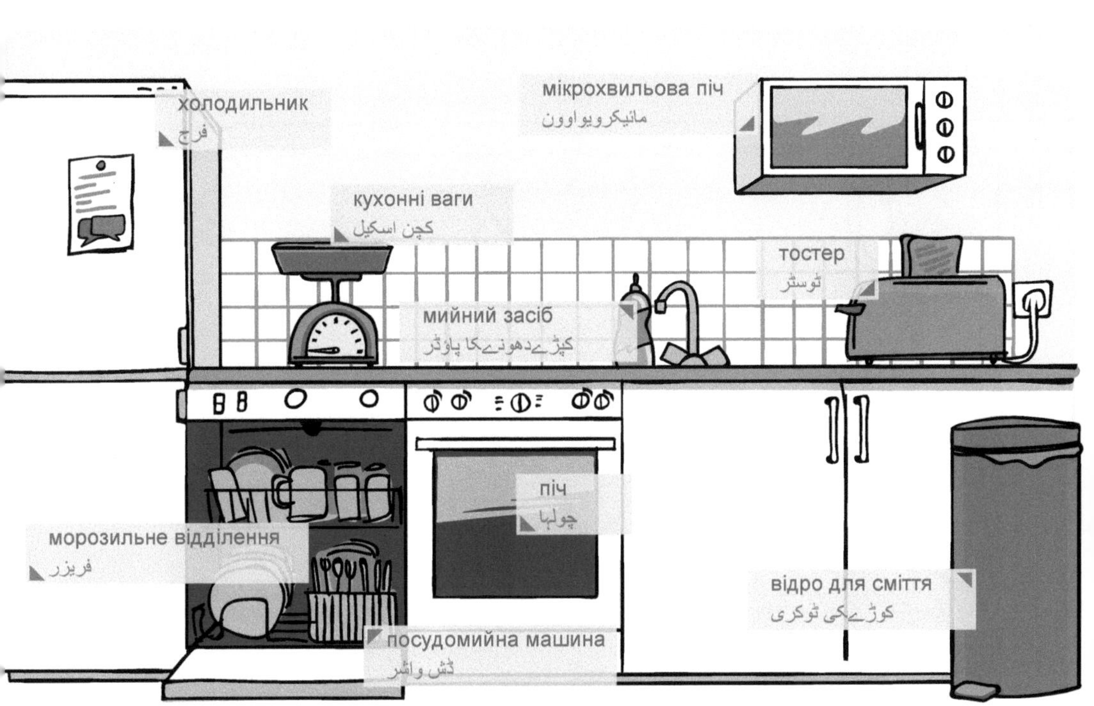
холодильник
فرج
мікрохвильова піч
مائیکروویواوون
кухонні ваги
کچن اسکیل
тостер
ٹوسٹر
мийний засіб
کپڑے دھونے کا پاؤڈر
піч
چولہا
морозильне відділення
فریزر
відро для сміття
کوڑے کی ٹوکری
посудомийна машина
ڈش واشر

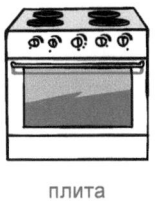

плита

ککر

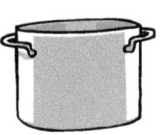

горщик

برتن

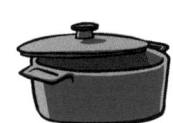

чавунний горщик

لوہے کا برتن

вок / кадай

کڑاہی

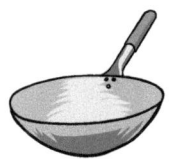

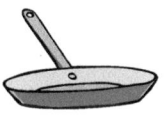

сковорода

برتن

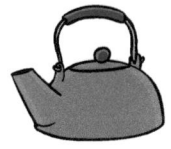

чайник

کیتلی

пароварка

اسٹیمر

лист

بیکنگ ٹرے

посуд

کراکری

кухоль

مگ

чаша

پیالہ

палички для їжі

چاپ اسٹکس

черпак

ڈونی

лопатка

کفچہ

вінчик для збивання

جھاڑودینا

сито

مقطر

сито

چھلنی

терка

گریٹر

ступка

کونڈی

барбекю

باربی کیو

багаття

کھُلی آگ

дошка

چاپنگ بورڈ

качалка

بیلن

штопор

کارک اسکریو

конзерва

کین

відкривачка

کین اوپنر

прихватки

برتن پکڑنےوالا کپڑا

раковина

سنک

щітка

برش

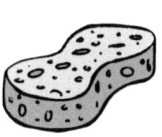

губка

اسپونج

міксер

بلینڈر

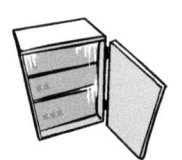

морозильна камера

ڈیپ فریز

дитяча пляшка

بچےکی بوتل

кран

ٹونٹی

ванна кімната

غُسل خانہ

опалення
ہیٹنگ
рушник
تولیہ
душ
شاور
душова завіса
شاورکرٹن
піниста ванна
ببل باتھ
ванна
باتھ ٹب
склянка
شیشہ
пральна машина
واشنگ مشین
кран
ٹونٹی
плитка
ٹائلیں
горшок
پاٹی
раковина
سنک

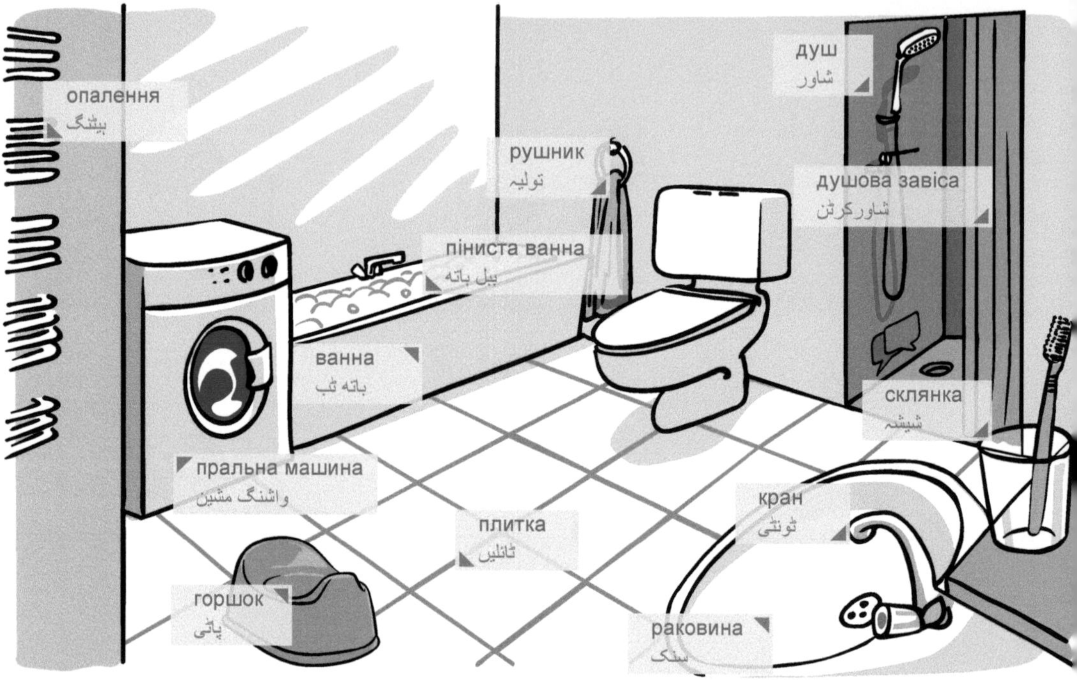

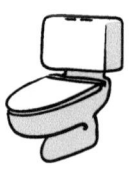

туалет

ٹائلٹ

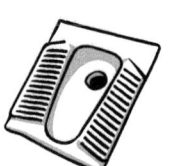

підлоговий туалет

دوزانوں بیٹھنےوالی ٹائلٹ

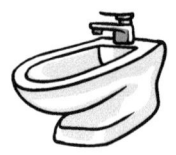

біде

نچلاحصہ دھونےکیلئےپاٹ

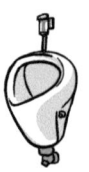

пісуар

پیشاب گاہ

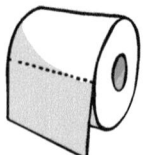

туалетний папір

ٹائلٹ پیپر

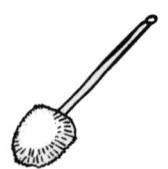

щітка для туалету

ٹائلٹ برش

зубна щітка

ٹوته برش

зубна паста

ٹوته پیسٹ

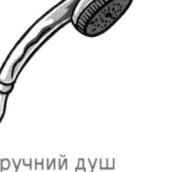

нитка для чищення зубів

ڈینٹل فلاس

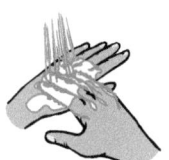

мити

دهونا

ручний душ

بینڈ شاور

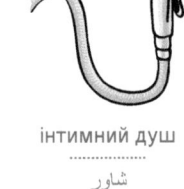

інтимний душ

شاور

таз

بیسن

щітка для спини

بیک برش

мило

صابن

гель для душу

شاورجل

шампунь

شیمپو

мочалка

فلالین

водостік

ڈرین

крем

کریم

дезодорант

ڈیوڈورنٹ

дзеркало

آئینہ

косметичне дзеркало

ہاتھ میں پکڑا جانے والا آئینہ

бритва

ریزر

піна для гоління

شیونگ فوم

лосьйон після гоління

آفٹر شیو

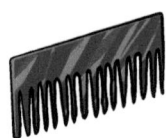

гребінь

کنگھی

щітка

برش

фен

ہیئر ڈرائر

лак для волосся

ہیئر اسپرے

косметика

میک اپ

губна помада

لپ اسٹک

лак для нігтів

نیل وارنش

вата

روئی

ножиці для нігтів

ناخن کاٹنے کی قینچی

парфум

پرفیوم

косметичка

واش بیگ

табурет

پاخانہ

ваги

وزن کرنےکی مشین

халат

باتھ روب

гумові рукавички

ربڑکےدستانے

тампон

ٹیمپون

гігієнічні прокладки

سینیٹری ٹاول

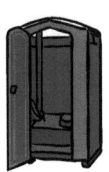

біотуалет

کیمیکل ٹائلٹ

дитяча кімната

بچوں کا کمرہ

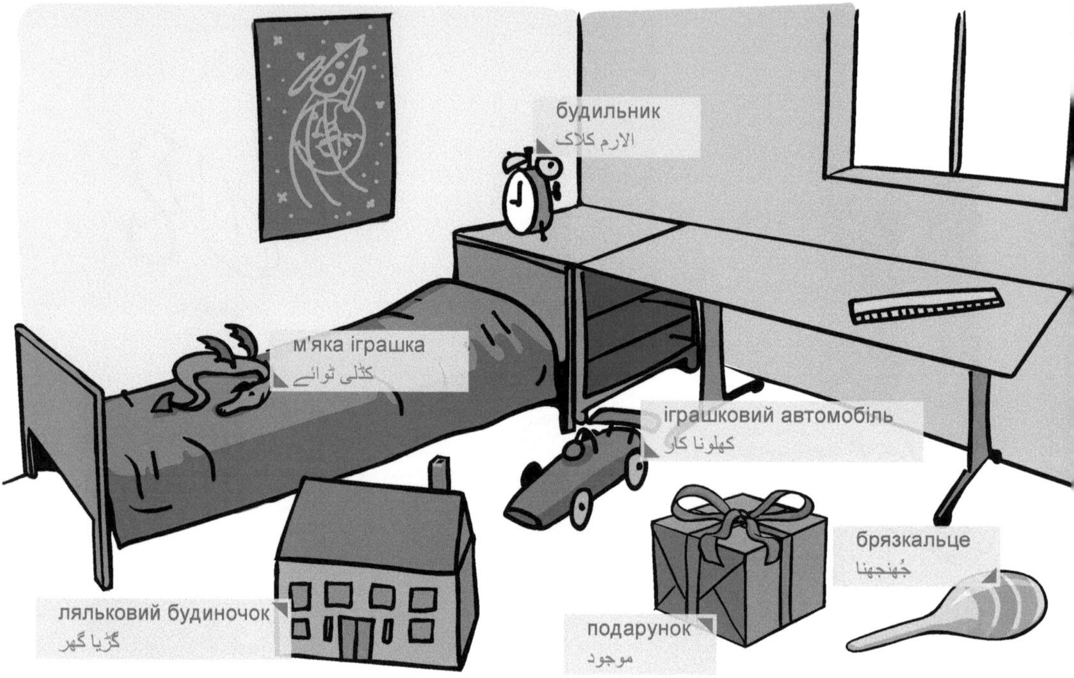

будильник
الارم کلاک
м'яка іграшка
کڈلی ٹوائے
іграшковий автомобіль
کھلونا کار
брязкальце
جُھنجھنا
ляльковий будиночок
گڑیا گھر
подарунок
موجود

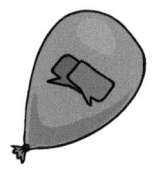

повітряна кулька

غبارہ

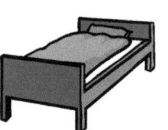

ліжко

بستر

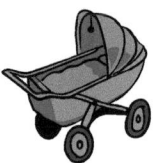

дитячий візок

پرام

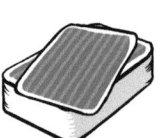

картярська гра

ڈیک آف کارڈز

пазл

جگسا

SUPER
MEGA

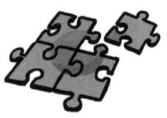

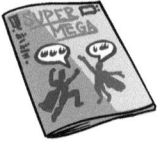

комікс

کامک

лего цеглинки

ليگو بركس

блоки

كھلونا بلاكس

іграшкова фігурка

ايكشن فگر

повзунки

بچے کا لباس

фризбі

فرسبی

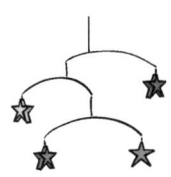

мобіле

كھلونا موبائل

настільна гра

بورڈ گيم

кубик

ڈائنس

модель залізнична станція

ماڈل ٹرين سيٹ

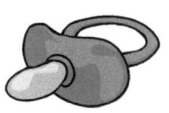

соска

ڈمی

вечірка

پارٹی

книжка з картинками

تصاويروالی كتاب

м'яч

گيند

лялька

گڑيا

грати

كھيلنا

пісочниця

سینڈ پٹ

гойдалка

جھولا جھولنا

іграшка

کھلونے

гральна консоль

وڈیوگیم کنسول

триколісний велосипед

تین پہیوں والی سائیکل

плюшевий мішка

ٹیڈی بیئر

шафа

کپڑوں کی الماری

ОДЯГ

لباس

шкарпетки

موزے

панчохи

اسٹاکنگز

колготки

ٹائٹس

шарф
اسكارف

парасоля
چھتری

футболка
ٹی شرٹ

ремінь
بیلٹ

чоботи
بوٹ

домашнє взуття
سلیپر

кросівки
اسنیکرز

сандалі
سینڈل

взуття
جوتے

гумові чоботи
ربڑ کے بوٹس

труси
زیر جامہ

бюстгальтер
بریزئیر

нижня сорочка
واسکٹ

одяг - لباس 45

боді

جسم

штани

پتلون

джинси

جينز

спідниця

اسکرٹ

блузка

بلاؤز

сорочка

قميص

пуловер

پُل اوور

светр

سويٹر

піджак

بليزر

куртка

جيکٹ

пальто

کوٹ

дощовик

رين کوٹ

костюм

کوئی خاص لباس

сукня

لباس

весільна сукня

شادی کا لباس

костюм

سوٹ

нічна сорочка

نائٹ گاؤن

піжама

پنجامہ

сарі

ساڑھی

головна хустка

سرپرلیا جانےوالا اسکارف

чалма

پگڑی

бурка

بُرقع

кафтан

كفتان

абая

عبایہ

купальник

تیراکی کا سوٹ

плавки

ٹرنک

шорти

نیکر

тренувальний костюм

ٹریک سوٹ

фартух

ایپرن

рукавички

دستانے

гудзик

بٹن

окуляри

عینک

браслет

کنگن

ланцюг

ہار

кільце

انگوٹھی

сережка

کانوں کی بالیاں

шапка

ٹوپی

плічка

کوٹ بینگر

капелюх

ہیٹ

краватка

ٹائی

застібка-блискавка

زپ

шолом

ہیلمٹ

підтяжки

بریسز

шкільна форма

سکول یونیفارم

уніформа

وردی

нагрудник

بیب

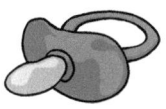

соска

چُمی

підгузок

نیپی

офіс
دفتر

шаф для документів
فائلوں کی الماری

сервер
سرور

принтер
پرنٹر

монітор
مانیٹر

папір
کاغذ

миша
ماؤس

письмовий стіл
میز

папка
فولڈر

синтезатор
کی بورڈ

стілець
کرسی

кошик для паперу
ویسٹ پیپر باسکٹ

комп'ютер
کمپیوٹر

кавовий кухоль

کافی مگ

калькулятор

کیلکولیٹر

інтернет

انٹرنیٹ

ноутбук

لیپ ٹاپ

лист

خط

повідомлення

پیغام

мобільний телефон

موبائل

мережа

نیٹ ورک

копіювальний пристрій

فوٹوکاپیئر

програмне забезпечення

سافٹ وینر

телефон

ٹیلی فون

розетка

پلگ ساکٹ

факс

فیکس مشین

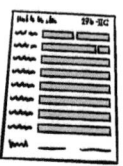

бланк

فارم

документ

دستاویز

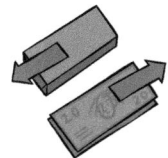

купувати

خریدنا

платити

ادائیگی کرنا

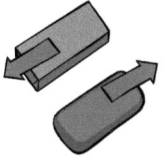

торгувати

تجارت کرنا

гроші

رقم

долар

ڈالر

євро

یورو

ієна

ین

рубль

روبل

франк

سوئس فرانک

юанів женьміньбі

رینمنیبی یوآن

рупія

روپیہ

банкомат

کیش پوائنٹ

обмінний пункт

رقم تبدیل کرانے کیلئے دفتر

золото

سونا

срібло

چاندی

нафта

خام تیل

енергія

توانائی

ціна

قیمت

контракт

معاہدہ

податок

ٹیکس

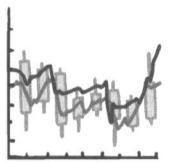

акція

اسٹاک

працювати

کام کرنا

працівник

ملازم

роботодавець

آجر

фабрика

فیکٹری

магазин

دکان

професії

پیشے

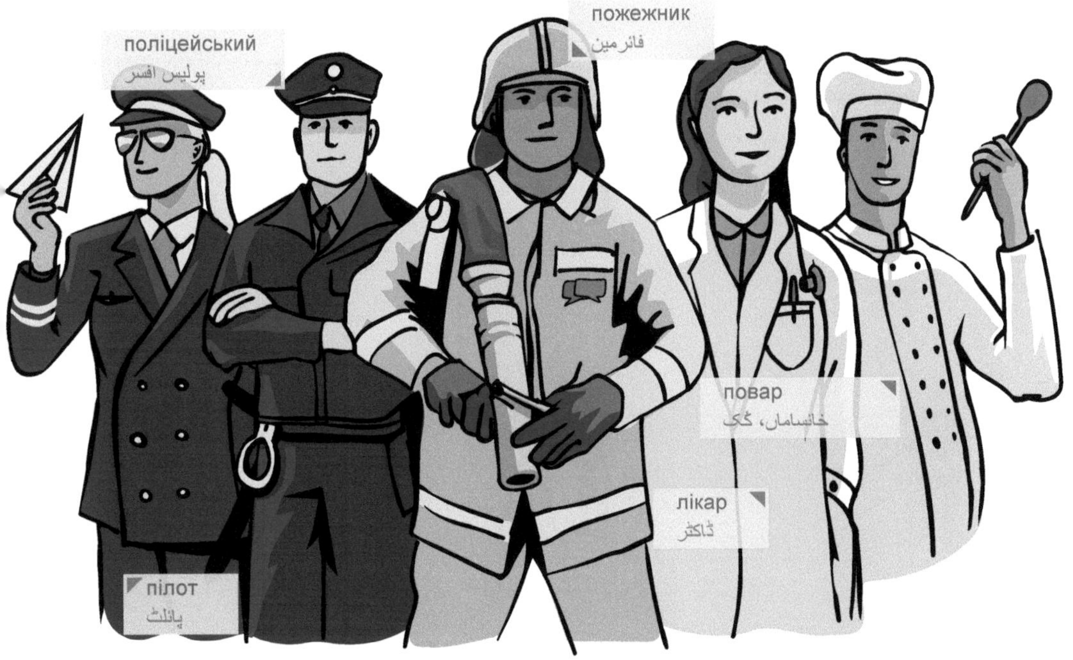

поліцейський
پولیس افسر
пожежник
فائرمین
повар
خانساماں، کک
лікар
ڈاکٹر
пілот
پائلٹ

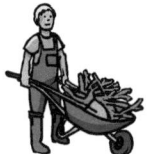

садівник

مالی

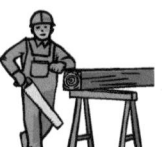

столяр

ترکھان

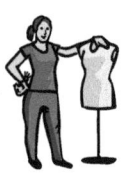

швачка

درزن

суддя

جج

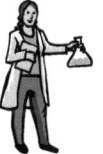

хімік

کیمسٹ

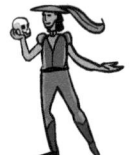

актор

اداکار

водій автобуса

بس ڈرائیور

таксист

ٹیکسی ڈرائیور

рибалка

مچھیرا

прибиральниця

صفائی کرنے والی عورت

покрівельник

چھت بنانے والا

офіціант

ویٹر

мисливець

شکاری

художник

پینٹر

пекар

بیکر

електрик

الیکٹریشین

будівельник

بلڈر

інженер

انجینیئر

забійник

قصائی

бляхар

پلمبر

листоноша

ڈاکیا

солдат

سپاہی

архітектор

آرکیٹیکٹ

касир

کیشنیر

флорист

پھول بیچنےوالا

перукар

نائی

кондуктор

کنڈکٹر

механік

مکینک

капітан

کپتان

дантист

ڈینٹسٹ

вчений

سائنسدان

рабин

یہودی عالم

імам

امام

монах

راہب

пастор

پادری

професії - پیشے

інструменти

اوزار

молоток
ہتھوڑا
щипці
پلائرز
викрутка
پیچ کس
гайковий ключ
رینچ
кишеньковий ліх
ٹارچ

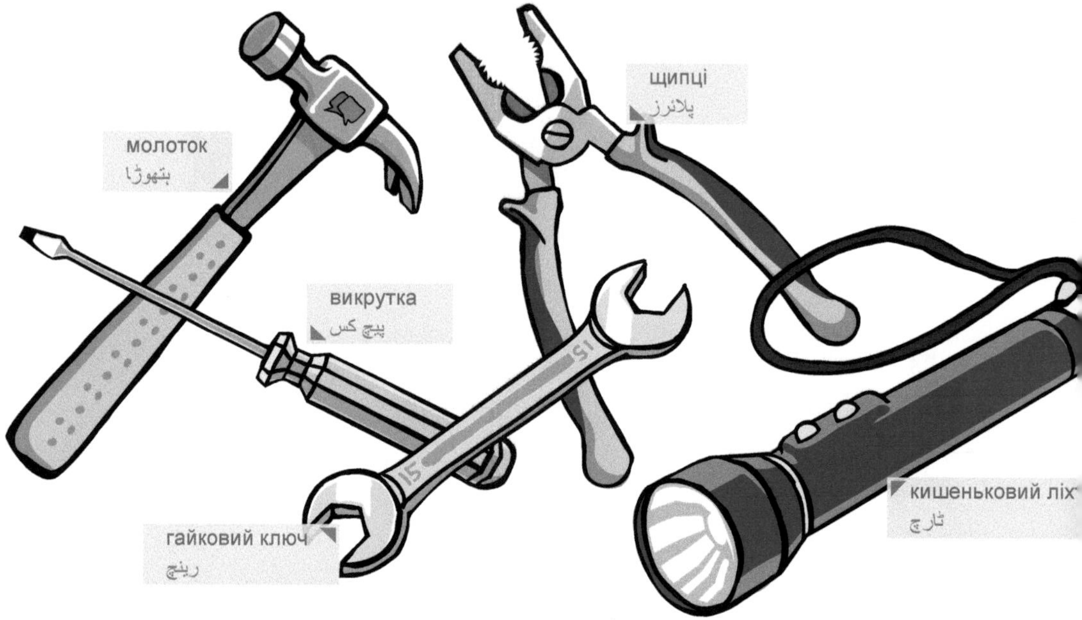

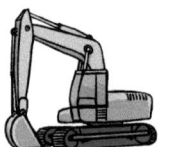

екскаватор

ایکسکویٹر

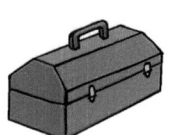

ящик для інструментів

ٹول باکس

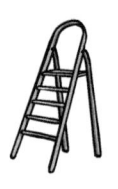

драбина

سیڑھی

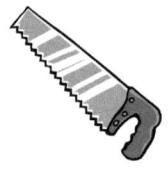

пилка

آری

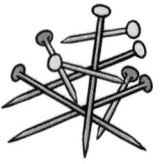

цвяхи

کیل

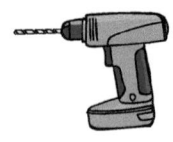

свердло

ڈرل

ремонтувати

مرمت کرنا

лопата

بیلچہ

лайно!

لعنت ہو!

совок

ٹسٹ پین

відро з фарбою

پینٹ پاٹ

гвинти

پیچ

музичні інструменти

آلات موسیقی

ударна установка

ڈرم سیٹ

динамік

لاؤڈ اسپیکر

гітара

گٹار

контрабас

ڈبل باس

труба

بگل

фортепіано

پیانو

скрипка

وائلن

бас

موسیقی کی آواز

литаври

ٹمپانی

барабан

ڈھول، ڈرمز

клавіатура

کی بورڈ

саксофон

سیکسوفون

флейта

بانسری

мікрофон

مائیکروفون

зоопарк

چڑیا گھر

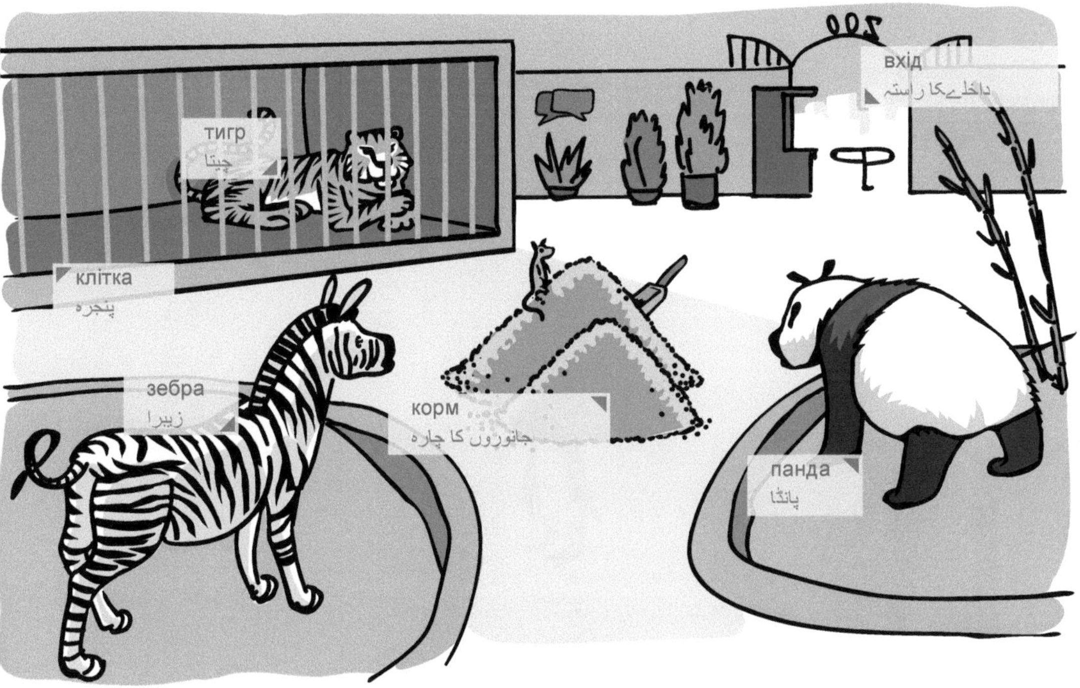
вхід
داخلے کا راستہ
тигр
چیتا
клітка
پنجرہ
зебра
زیبرا
корм
جانوروں کا چارہ
панда
پانڈا

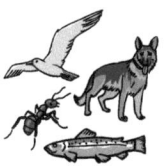

тварини

جانور

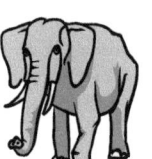

слон

ہاتھی

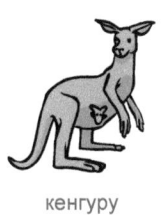

кенгуру

کینگرو

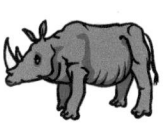

носоріг

گینڈا

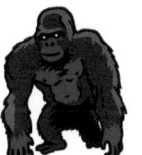

горила

گوریلا

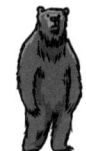

ведмідь

ریچھ

верблюд

اونٹ

страус

شُتر مُرغ

лев

شیر

мавпа

بندر

фламінго

فلیمنگو

папуга

طوطا

білий ведмідь

قطبی ریچھ

пінгвін

کبوتر

акула

شارک

павич

مور

змія

سانپ

крокодил

مگرمچھ

працівник зоопарку

چڑیا گھر کا محافظ

тюлень

سیل

ягуар

امریکی تیندوا

поні

ٹٹو

леопард

چیتا

гіпопотам

دریائی گھوڑا

жираф

زرافہ

орел

عقاب

кабан

سؤر

риба

مچھلی

черепаха

کچھوا

морж

سمندری گھوڑا

лисиця

لومڑی

газель

غزال برن

американський футбол
امریکن فٹ بال

їзда на велосипеді
سائیکلنگ

теніс
ٹینس

баскетбол
باسکٹ بال

плавання
پیراکی

бокс
باکسنگ

хокей
آئس ہاکی

футбол
فٹ بال

бадмінтон
بیڈمنٹن

легка атлетика
اتھلیٹکس

гандбол
ہینڈ بال

лижні перегони
اسکیننگ

поло
پولو

дії

سرگرمیاں

сміятися
ہنسنا
стрибати
چھلانگ لگا
обіймати
گلے لگانا
йти
چلنا
співати
گانا
мріяти
خواب دیکھنا
молитися
دُعا کرنا
цілувати
چُومنا

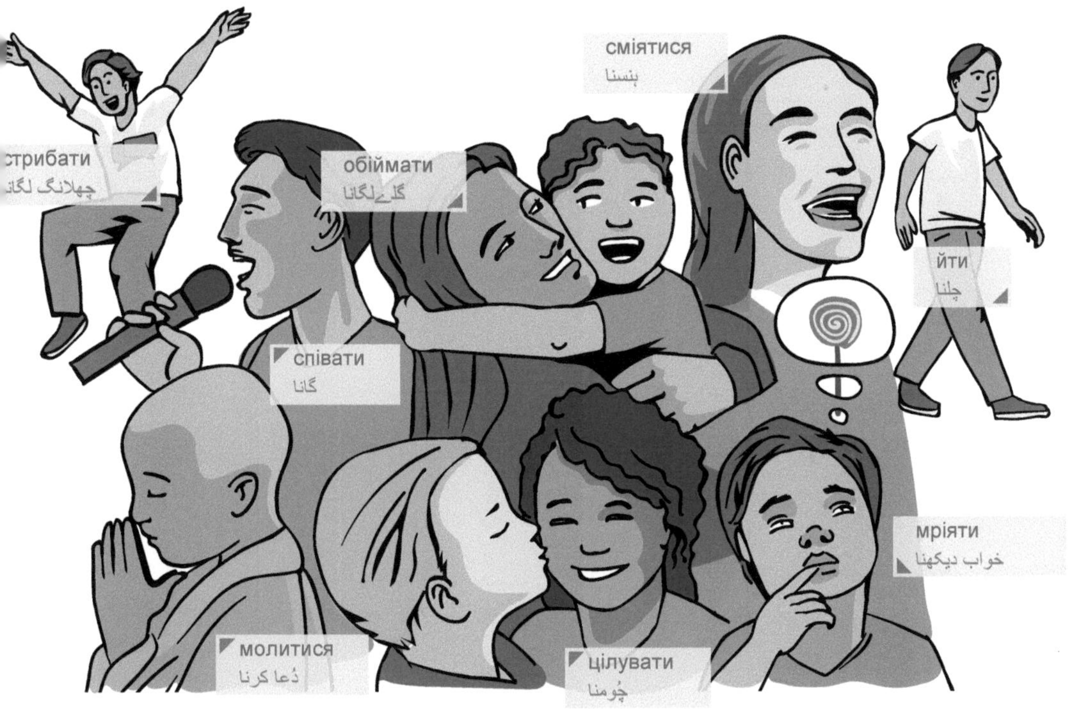

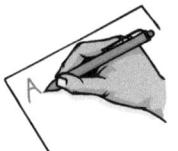

писати

لکھنا

малювати

تصویر کشی کرنا

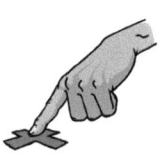

показувати

دکھانا

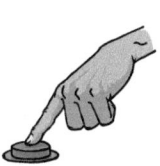

тиснути

آگے کی طرف دھکیلنا

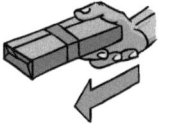

давати

دینا

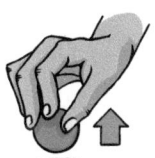

брати

لینا

мати

رکھنا

робити

کرنا

бути

ہونا

стояти

کھڑا ہونا

бігати

دوڑنا

тягнути

کھینچنا

кидати

پھینکنا

падати

گرنا

лежати

جھوٹ بولنا

очікувати

انتظار کرنا

носити

اٹھانا

сидіти

بیٹھنا

одягати

ملبوس ہونا

спати

سونا

просипатися

جاگنا

дивитися

دیکھنا

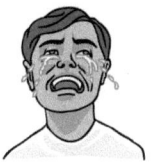

плакати

رونا

гладити

چوٹ لگانا

розчісувати

کنگھی کرنا

розмовляти

بات کرنا

розуміти

سمجھنا

питати

پوچھنا

слухати

مُتوجہ ہونا

пити

پینا

їсти

کھانا

прибирати

صاف کرنا

любити

پیارکرنا

варити

پکانا

їхати

گاڑی چلانا

літати

اڑنا

йти під вітрилом

بحری سفر کرنا

рахувати

شمار کریں

читати

پڑھنا

вчитися

سیکھنا

працювати

کام کرنا

одружуватися

شادی کرنا

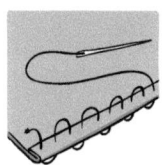

шити

سینا

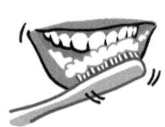

чистити зуби

دانت صاف کرنا

убивати

جان سے مار دینا

курити

تمباکو نوشی کرنا

посилати

بھیجنا

сім'я

خاندان

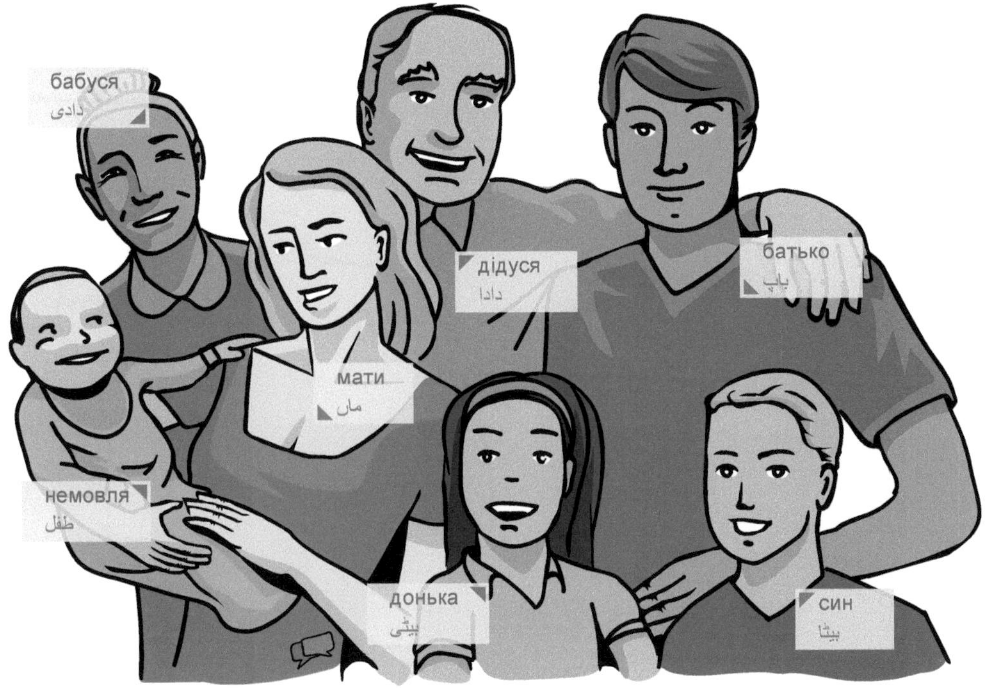
бабуся
دادی
дідуся
دادا
батько
باپ
мати
ماں
немовля
طفل
донька
بیٹی
син
بیٹا

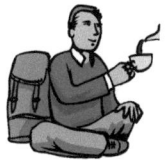

гість

مہمان

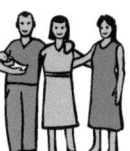

тітка

چچی

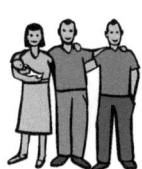

дядько

چچا

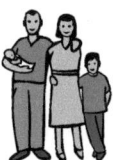

брат

بھائی

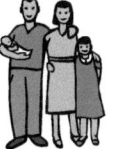

сестра

بہن

тіло

جسم

чоло
ماتھا
око
آنکھ
плече
کندھا
палець
انگلی
обличчя
چہرہ
підборіддя
ٹھوڑی
кисть
ہاتھ
груди
چھاتی
нога
ٹانگ
рука
بازو

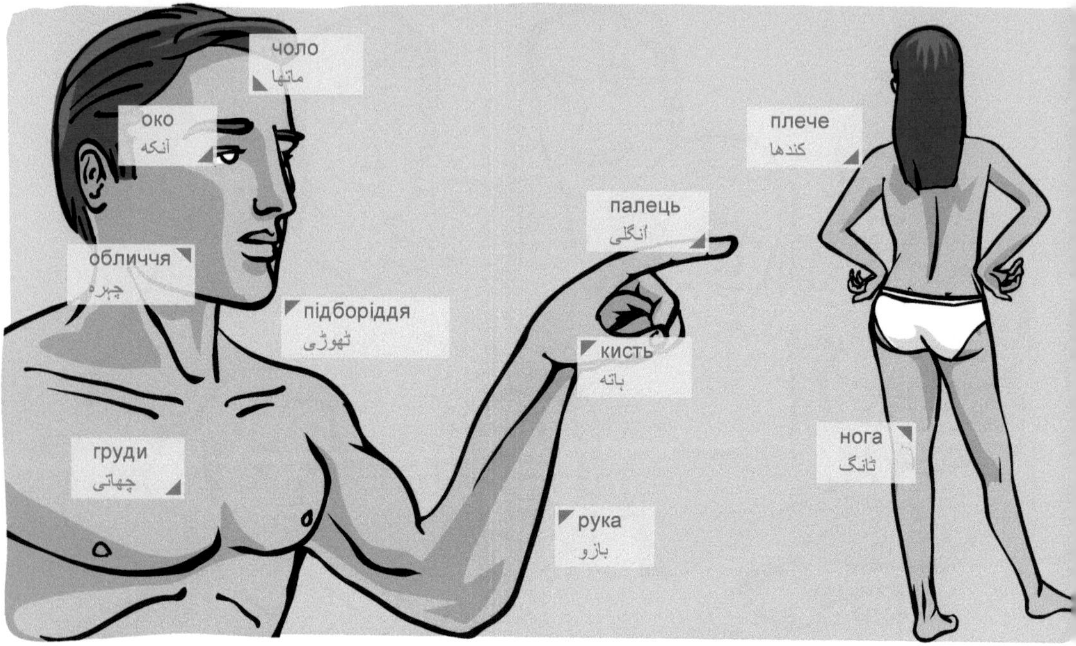

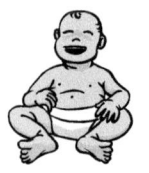

немовля

طفل

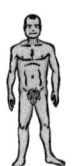

чоловік

آدمی

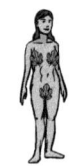

жінка

عورت

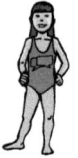

дівчина

لڑکی

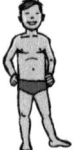

хлопчик

لڑکا

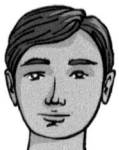

голова

سر

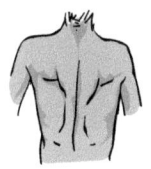

спина

کمر

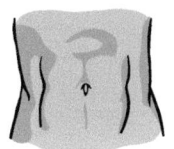

живіт

پیٹ

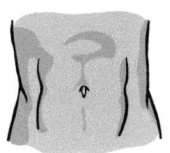

пуп

ناف

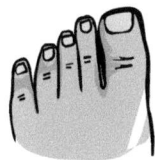

палець ноги

پاؤں کا انگوٹھا

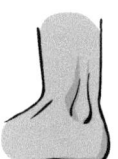

п'ята

ایڑھی

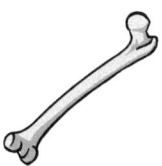

кістка

بٹی

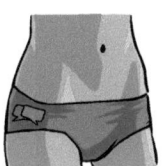

стегно

کولہا

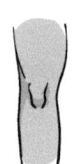

коліно

گھٹنا

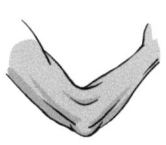

лікоть

کہنی

ніс

ناک

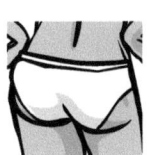

сідниці

نچلا حصہ

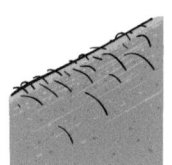

шкіра

جلد

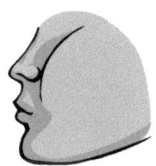

щока

گال

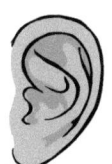

вухо

کان

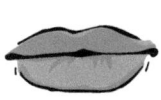

губа

ہونٹ

рот

مُنہ

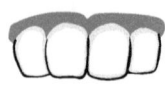

зуб

دانت

язик

زُبان

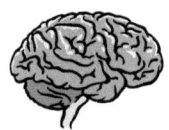

мозок

دماغ

серце

دل

м'яз

پٹھہ

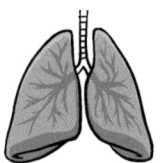

легені

پھیپھڑا

печінка

جگر

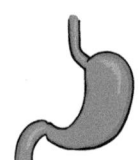

шлунок

معدہ

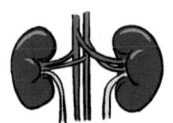

нирки

گردے

статевий акт

جنس

презерватив

کنڈُوم

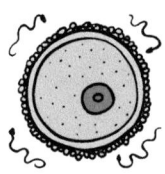

яйцеклітина

بیضہ

сперма

مادہ منویہ

вагітність

حمل

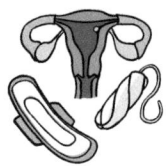

менструація

حیض

вагіна

اندام نهانی

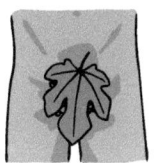

пеніс

عضو تناسل

брова

بهنویی

волосся

بال

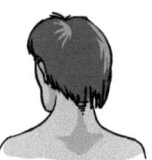

шия

گردن

лікарня

ہسپتال

лікарня
ہسپتال
машина швидкої допомоги
ایمبولینس
інвалідний візок
وہیل چیئر
перелом
ہڈی ٹوٹنا

лікар

ڈاکٹر

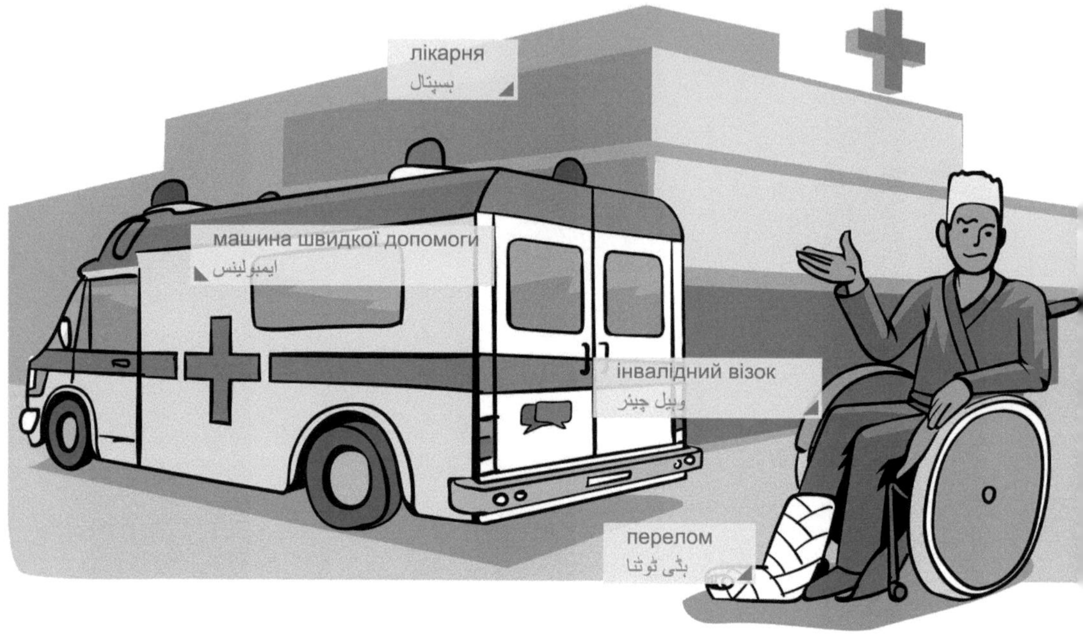

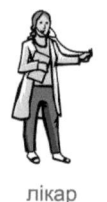

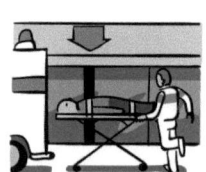

відділення швидкої медичної допомоги

ہنگامی کمرہ

медсестра

نرس

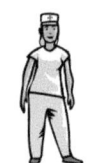

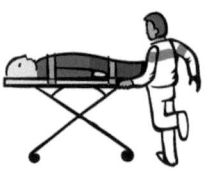

аварійний випадок

ہنگامی صورتحال

непритомний

بےہوش

біль

درد

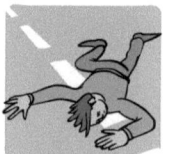

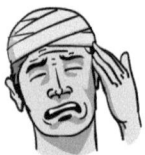

травма

زخم

кровотеча

خون بہنا

інфаркт

دل کا دورہ

інсульт

فالج

алергія

الرجی

кашель

کھانسی

лихоманка

بخار

грип

زکام

пронос

اسہال

головна біль

سردرد

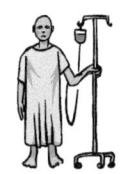

рак

کینسر

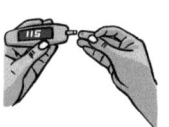

діабет

ذیابیطس

хірург

سرجن

скальпель

نشتر

операція

آپریشن

КТ

سی ٹی

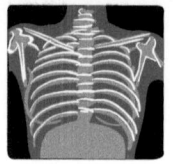

рентген

ایکس رے

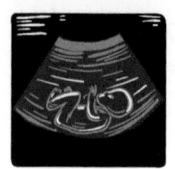

ультразвук

الٹراساؤنڈ

маска

چہرے کا نقاب

хвороба

بیماری

зал очікування

انتظارگاہ

милиця

بیساکھی

пластир

پلاسٹر

пов'язка

پٹی

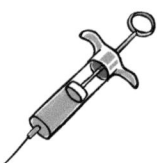

ін'єкція

انجکشن

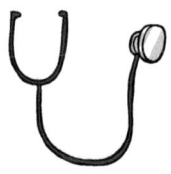

стетоскоп

اسٹیتھواسکوپ

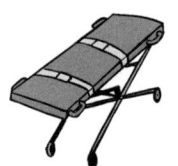

ноші

اسٹریچر

термометр

مطبی تھرما میٹر

народження

پیدائش

надмірна вага

حد سےزیادہ وزن

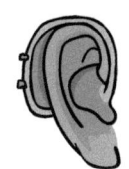

слуховий апарат

آلہ سماعت

дезінфікуючий засіб

جراثیم کش

інфекція

انفیکشن

вірус

وائرس

ВІЛ / СНІД

ایچ آئی وی/ ایڈز

медицина

دوا

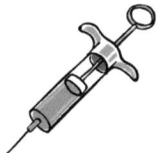

вакцинація

ویکسی نیشن

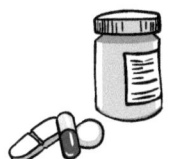

таблетки

گولیاں

протизаплідна пігулка

گولی

екстрений виклик

ہنگامی کال

тонометр

بلڈ پریشرمانیٹر

хворий / здоровий

بیمار/ صحتمند

Допоможіть!

مدد!

сигнал тривоги

الارم

напад

مُجرمانہ حملہ

атака

حملہ

небезпека

خطرہ

аварійний вихід

هنگامی راستہ

Вогонь!

آگ!

вогнегасник

آگ بُجھانے والہ آلہ

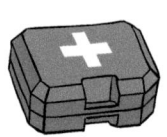

аварія

حادثہ

аптечка

ابتدائی طبی امداد کی کٹ

СОС

ایس او ایس

поліція

پولیس

Європа

یورپ

Північна Америка

شمالی امریکہ

Південна Америка

جنوبی امریکہ

Африка

افریقہ

Азія

ایشیا

Австралія

آسٹریلیا

Атлантика

بحر اوقیانوس

Тихий океан

بحر الکابل

Індійський океан

بحر ہند

Антарктичний океан

بحر قُطب جنوبی

Північний Льодовитий
океан

بحر قُطب شمالی

Північний полюс

قُطب شمالی

Південний полюс

قُطب جنوبی

Антарктика

انٹارکٹیکا

Земля

زمین

суша

زمین

море

سمندر

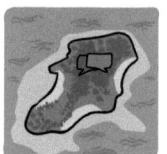

острів

جزیره

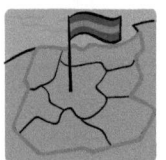

нація

قوم

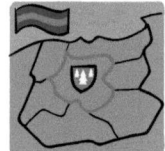

держава

ریاست

циферблат

كلاک كا سامنےكا حصہ

годиннникова стрілка

گھنٹوں والی سونی

хвилинна стрілка

منٹوں والی سونی

секундна стрілка

سیکنڈ بینڈ

Котра година?

كیا وقت ہوا ہے؟

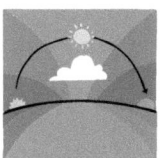

день

دن

час

وقت

зараз

اب

цифровий годинник

ڈیجیٹل گھڑی

хвилина

منٹ

година

گھنٹہ

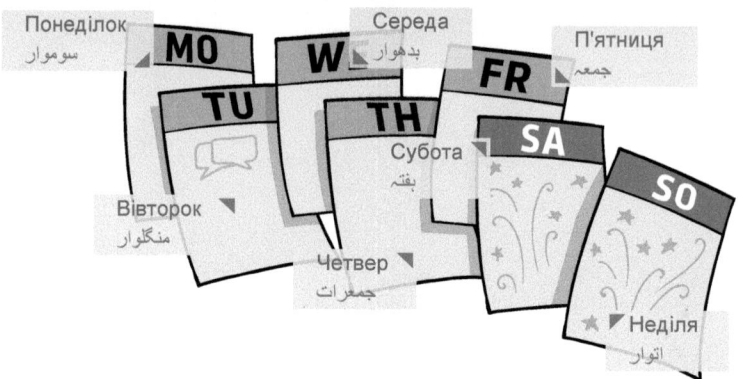

Понеділок — سوموار
Середа — بدھوار
П'ятниця — جمعہ
TU
Вівторок — منگلوار
Четвер — جمعرات
Субота — ہفتہ
Неділя — اتوار

вчора

گزرا کل

сьогодні

آج

завтра

کل

ранок

صبح

опівдні

دوپہر

вечір

شام

MO	TU	WE	TH	FR	SA	SU
1	2	3	4	5	6	7
8	9	10	11	12	13	14
15	16	17	18	19	20	21
22	23	24	25	26	27	28
29	30	31	1	2	3	4

робочі дні

کاروباری دن

MO	TU	WE	TH	FR	SA	SU
1	2	3	4	5	6	7
8	9	10	11	12	13	14
15	16	17	18	19	20	21
22	23	24	25	26	27	28
29	30	31	1	2	3	4

кінець робочого тижня

ہفتے کا اختتام

рік

سال

дощ
بارش
веселка
قوس قزح
вітер
ہوا
сніг
برف
весна
بہار
літо
موسم گرما
осінь
خزاں
зима
موسم سرما

4.APRIL 11°
5.APRIL 4°
6.APRIL 13°
7.APRIL 8°
8.APRIL 10°

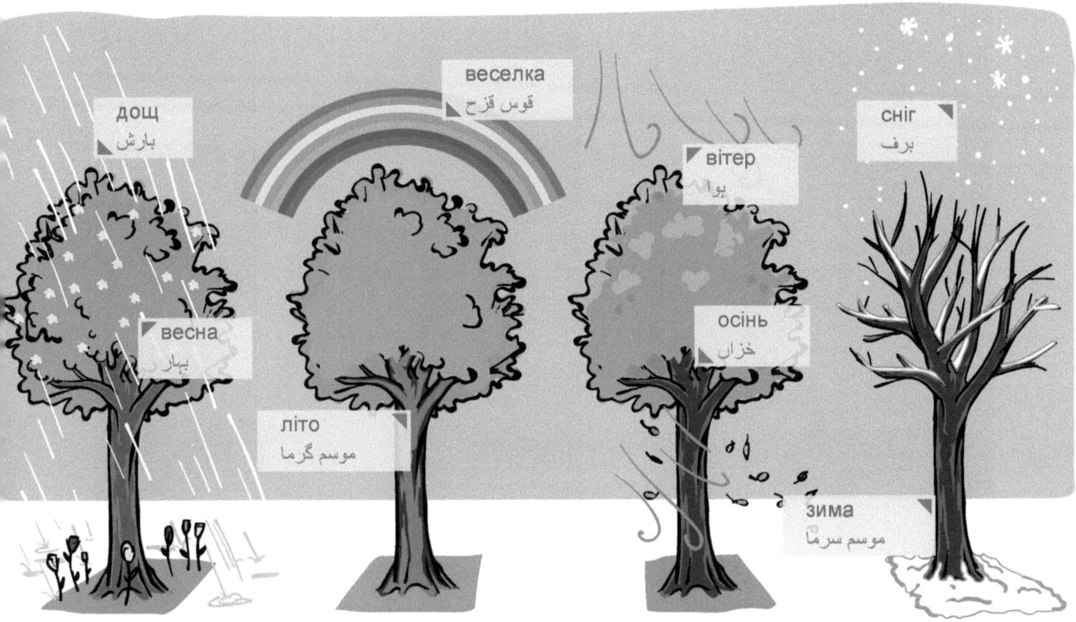

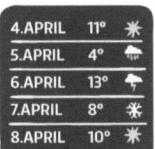

прогноз погоди

موسمی پیش گوئی

F
C
120
90
60
30
0
-30
40
30
20
10
0
-10
-20

термометр

تھرما میٹر

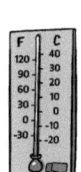

сонячне світло

دھوپ

хмара

بادل

туман

دُھند

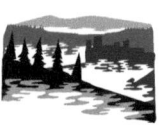

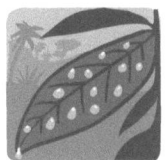

вологість повітря

حبس

блискавка
بجلی کوندھنا

грім
بادلوں کی گرج

шторм
طوفان

град
ژالہ باری

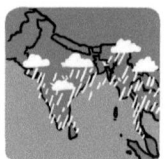

мусон
مون سون

повінь
سیلاب

лід
برف

Січень
جنوری

Лютий
فروری

Березень
مارچ

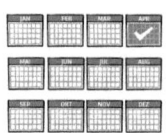

Квітень
اپریل

Травень
منی

Червень
جون

Липень
جولائی

Серпень
اگست

Вересень

ستمبر

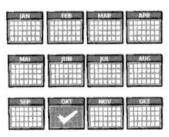

Жовтень

اكتوبر

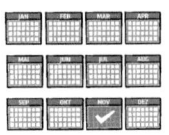

Листопад

نومبر

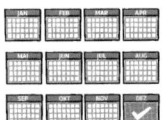

Грудень

دسمبر

круг

دائره

квадрат

چوكور

прямокутник

مُستطيل

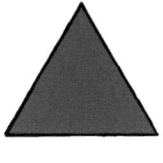

трикутник

تكون

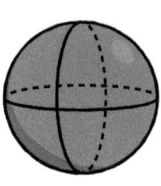

куля

گره

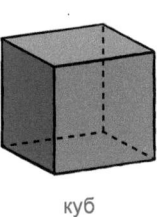

куб

مكعب

фарби

رنگ

білий

سفید

жовтий

پیلا

помаранчевий

نارنجی

рожевий

گلابی

червоний

سُرخ

фіолетовий

جامنی

синій

نیلا

зелений

سبز

коричневий

بھورا

сірий

مٹیالا

чорний

سیاہ

багато / мало

بہت زیادہ / بہت کم

лютий / мирний

ناراض / پُرسکون

гарний / бридкий

خوبصورت / بدصورت

початок / кінець

آغاز / اختتام

великий / малий

بڑا / چھوٹا

світлий / темний

روشن / اندھیرا

брат / сестра

بھائی / بہن

чистий / брудний

صاف / گندا

завершений / незавершений

مکمل / نامکمل

день / ніч

دن / رات

мертвий / живий

زندہ / مُردہ

широкий / вузький

چوڑا / تنگ

їстівний / неїстівний

کھانے کے قابل ہونا / کھانے کے قابل نہ ہونا

злий / дружній

بُرا / اچھا

збуджений / нудьгуючий

پُرجوش / بوریت کا شکار

товстий / тонкий

موٹا / دُبلا

спочатку / востаннє

پہلا / آخری

друг / ворог

دوست / دُشمن

повний / порожній

بھرا ہوا / خالی

жорсткий / м'який

سخت / نرم

важкий / легкий

بوجھل / ہلکا

голод / спрага

بھوک / پیاس

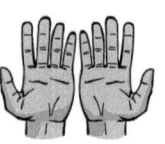

хворий / здоровий

بیمار / صحتمند

незаконний / законний

غیرقانونی / قانونی

розумний / дурний

عقلمند / بیوقوف

вліво / вправо

بائیں / دائیں

поруч / далеко

نزدیک / دور

новий / використаний

نیا / پُرانا

нічого / щось

کچھ نہیں / کچھ ہے

старий / молодий

بوڑھا / نوجوان

вкл / викл

آن / آف

відкрито / закрито

کھلا / بند

тихо / гучно

خاموش / بُلند آواز

багатий / бідний

امیر / غریب

правильно / неправильно

ٹھیک / غلط

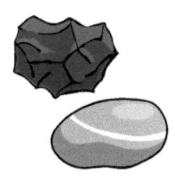

шорсткий / гладкий

کھُردرا / ہموار

сумний / щасливий

افسردہ / خوش

короткий / довгий

مُختصر / طویل

повільно / швидко

آہستہ / تیز

вологий / сухий

گیلا / خُشک

гарячий / холодний

گرم / ٹھنڈا

війна / мир

جنگ / امن

0

нуль

صفر

1

один

ایک

2

два

دو

3

три

تین

4

чотири

چار

5

п'ять

پانچ

6

шість

چھ

7

сім

سات

8

вісім

آٹھ

9

дев'ять

نو

10

десять

دس

11

одинадцять

گیاره

12
дванадцять

باره

13
тринадцять

تیره

14
чотирнадцять

چوده

15
п'ятнадцять

پندره

16
шістнадцять

سوله

17
сімнадцять

ستّره

18
вісімнадцять

اٹهاره

19
дев'ятнадцять

أنیس

20
двадцять

بیس

100
сто

سو

1.000
тисяча

ہزار

1.000.000
мільйон

دس لاكه

англійська

انگريزى

американська англійська

امريکى انگريزى

китайська
високочиновницька

چينى مينڈارين

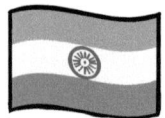

хінді

ہندى

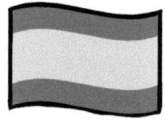

іспанська

ہسپانوى

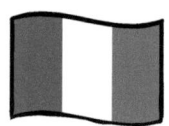

французька

فرانسيسى

арабська

عربى

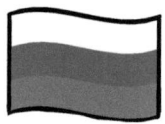

російська

روسى

португальська

پُرتگالى

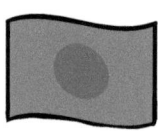

бенгальська

بنگالى

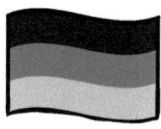

німецька

جرمن

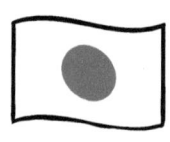

японська

جاپانى

я

میں

ти

تم

він / вона / воно

وہ (لڑکا) / وہ (لڑکی) / یہ

ми

ہم

ви

تم

вони

وہ

хто?

کون؟

що?

کیا؟

як?

کیسے؟

де?

کہاں؟

коли?

کب؟

ім'я

نام

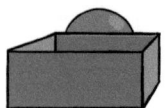

ззаду

پیچھے

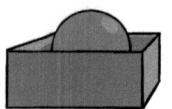

в

میں

перед

كے سامنے

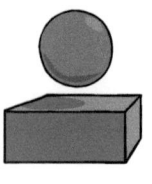

над

اوپر

на

پر

під

نیچے

біля

ساتھ

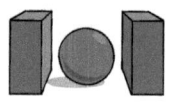

між

درمیان

місце

جگہ